Molière

Le Médecin malgré lui

Personnages

SGANARELLE : mari de Martine.
MARTINE : femme de Sganarelle.
M. ROBERT : voisin de Sganarelle.
VALÈRE , domestique de Géronte.
LUCAS : mari de Jacqueline.
GÉRONTE : père de Lucinde.
JACQUELINE : nourrice chez Géronte et femme de Lucas.
LUCINDE : fille de Géronte.
LÉANDRE.
THIBAUT : père de Perrin, paysans.
PERRIN : paysans.

Acte premier

Scène première

Sganarelle, Martine, paraissant sur le théâtre, en se querellant.

SGANARELLE

Non, je te dis que je n'en veux rien faire, et que c'est à moi de parler et d'être le maître.

MARTINE

Et je te dis, moi, que je veux que tu vives à ma fantaisie, et que je ne me suis point mariée avec toi pour souffrir tes fredaines.

SGANARELLE

Oh ! la grande fatigue que d'avoir une femme, et qu'Aristote a bien raison quand il dit qu'une femme est pire qu'un démon.

MARTINE

Voyez un peu l'habile homme, avec son benêt d'Aristote !

SGANARELLE

Oui, habile homme. Trouve-moi un faiseur de fagots qui sache, comme moi, raisonner des choses, qui ait servi six ans un fameux médecin, et qui ait su dans son jeune âge son rudiment par cœur.

MARTINE

Peste du fou fieffé !

SGANARELLE

Peste de la carogne !

MARTINE

Que maudit soit le jour où je m'avisai d'aller dire oui !

SGANARELLE

Que maudit soit le bec cornu de notaire qui me lit signer ma ruine !

MARTINE

C'est bien à toi, vraiment, à te plaindre de cette affaire ! Devrais-tu être un seul moment sans rendre grâce au Ciel de m'avoir pour ta femme ? et méritais-tu d'épouser une personne comme moi ?

SGANARELLE

Baste ! tu fus bien heureuse de me trouver.

MARTINE

Qu'appelles-tu bien heureuse de te trouver ? Un homme qui me réduit à l'hôpital, un débauché, un traître, qui me mange tout ce que j'ai !…

SGANARELLE

Tu as menti ! j'en bois une partie.

MARTINE

Qui me vend, pièce à pièce, tout ce qui est dans mon logis.

SGANARELLE

C'est vivre de ménage.

MARTINE

Qui m'a ôté jusqu'au lit que j'avais !…

SGANARELLE

Tu l'en lèveras plus malin.

MARTINE

Enfin qui ne laisse aucun meuble dans toute la maison !…

SGANARELLE

On en déménage plus aisément.

MARTINE

Et qui, du matin jusqu'au soir, ne fait que jouer et que boire.

SGANARELLE

C'est pour ne point m'ennuyer.

MARTINE

Et que veux-tu, pendant ce temps, que je fasse avec ma famille.

SGANARELLE

Tout ce qu'il te plaira.

MARTINE

J'ai quatre pauvres petits enfants sur les bras…

SGANARELLE

Mets-les à terre.

MARTINE

Qui me demandent à toute heure du pain.

SGANARELLE

Donne-leur le fouet ; quand j'ai bien bu et bien mangé, je veux que tout le monde soit saoul dans ma maison.

MARTINE

Et tu prétends, ivrogne, que les choses aillent toujours de même ?

SGANARELLE

Ma femme, allons tout doucement, s'il vous plaît.

MARTINE

Que j'endure éternellement les insolences et tes débauches ?

SGANARELLE

Ne nous emportons point, ma femme.

MARTINE

Et que je ne sache pas trouver le moyen de te ranger à ton devoir ?

SGANARELLE

Ma femme, vous savez que je n'ai pas l'Âme endurcie et que j'ai le bras assez bon.

MARTINE

Je me moque de tes menaces !

SGANARELLE

Ma petite femme, ma mie, votre peau vous démange à votre ordinaire.

MARTINE

Je te montrerai bien que je ne te crains nullement.

SGANARELLE

Ma chère moitié, vous avez envie de me dérober quelque chose.

MARTINE

Crois-tu que je m'épouvante de tes paroles ?

SGANARELLE

Doux objet de mes vœux, je vous frotterai les oreilles.

MARTINE

Ivrogne que tu es !

SGANARELLE

Je vous battrai.

MARTINE

Sac à vin !

SGANARELLE

Je vous rosserai.

MARTINE

Infâme !

SGANARELLE

Je vous étrillerai.

MARTINE

Traître ! insolent ! trompeur ! lâche ! coquin ! pendard ! gueux ! belître ! fripon ! maraud ! voleur !

SGANARELLE

Ah ! vous en voulez donc ?
    (Sganarelle prend un bâton et lui en donne.)

MARTINE

Ah ! ah ! ah ! ah !

SGANARELLE

Voilà le vrai moyen de vous apaiser.

Scène II

M. Robert, Sganarelle, Martine.

MONSIEUR ROBERT

Holà ! holà ! holà fi ! Qu'est ceci ? Quelle infamie ! Peste soit le coquin de battre ainsi sa femme !

MARTINE, *les mains sur les côtés, lui parle en le faisant reculer et, à la fin, lui donne un soufflet.*

Et je veux qu'il me batte, moi !

MONSIEUR ROBERT

Ah ! j'y consens de tout mon cœur !

MARTINE

De quoi vous mêlez-vous ?

MONSIEUR ROBERT

J'ai tort.

MARTINE

Est-ce là votre affaire ?

MONSIEUR ROBERT

Vous avez raison.

MARTINE

Voyez un peu cet impertinent, qui veut empêcher les maris de battre leurs femmes !

MONSIEUR ROBERT

Je me rétracte.

MARTINE

Qu'avez-vous à voir là-dessus ?

MONSIEUR ROBERT

Rien.

MARTINE

Est-ce à vous d'y mettre le nez ?

MONSIEUR ROBERT

Non.

MARTINE

Mêlez-vous de vos affaires !

MONSIEUR ROBERT

Je ne dis plus mot.

MARTINE

Il me plaît d'être battue.

MONSIEUR ROBERT

D'accord.

MARTINE

Ce n'est pas à vos dépens.

MONSIEUR ROBERT

Il est vrai.

MARTINE

Et vous êtes un sot de venir vous fourrer où vous n'avez que faire.

(Il passe ensuite vers le mari qui, pareillement, lui parle toujours en le faisant reculer, le frappe avec le même bâton et le met en fuite. Il finit par dire.)

MONSIEUR ROBERT, à Sganarelle.

Compère, je vous demande pardon de tout mon cœur. Faites, rossez, battez comme il faut votre femme ; je vous aiderai, si vous le voulez…

SGANARELLE

Il ne me plaît pas moi.

MONSIEUR ROBERT

Ah ! c'est une autre chose…

SGANARELLE

Je la veux battre, si je le veux ; et ne la veux pas battre, si je ne le veux pas.

MONSIEUR ROBERT

Fort bien.

SGANARELLE

C'est ma femme, et non pas la vôtre.

MONSIEUR ROBERT

Sans doute.

SGANARELLE

Vous n'avez rien à me commander.

MONSIEUR ROBERT

D'accord.

SGANARELLE

Je n'ai que faire de votre aide.

MONSIEUR ROBERT

Très volontiers !

SGANARELLE

Et vous êtes un impertinent de vous ingérer des affaires d'autrui ! Apprenez que Cicéron dit qu'entre l'arbre et le doigt il ne faut point mettre l'écorce.

(Ensuite il revient vers sa femme et lui dit en lui pressant la main :)

SGANARELLE

Oh çà ! faisons la paix, nous deux. Touche là.

MARTINE

Oui, après m'avoir ainsi battue !

SGANARELLE

Cela n'est rien. Touche.

MARTINE

Je ne veux pas.

SGANARELLE

Eh !

MARTINE

Non.

SGANARELLE

Ma petite femme !

MARTINE

Point.

SGANARELLE

Allons, te dis-je.

MARTINE

Je n'en ferai rien.

SGANARELLE

Viens, viens, viens !

MARTINE

Non ! je veux être en colère.

SGANARELLE

Fi ! c'est une bagatelle. Allons, allons.

MARTINE

Laisse-moi là.

SGANARELLE

Touche, te dis-je.

MARTINE

Tu m'as trop maltraitée.

SGANARELLE

Eh bien, va, je te demande pardon ; mets là ta main.

MARTINE

Je te pardonne. (Elle dit le reste tout bas.) Mais tu le payeras.

SGANARELLE

Tu es une folle de prendre garde à cela : ce sont petites choses qui sont de temps en temps nécessaires dans l'amitié ; et, cinq ou six coups de bâton, entre gens qui s'aiment, ne font que ragaillardir l'affection. Va, je m'en vais au bois, et je te promets aujourd'hui plus d'un cent de fagots.

Scène III

MARTINE

Va, quelque mine que je fasse, je n'oublie pas mon ressentiment, et je brûle en moi-même de trouver les moyens de te punir des coups que tu me donnes.

Scène IV

Valère, Lucas, Martine.

LUCAS

Parguenne ! j'avons pris là tous deux une gueble de commission, et je ne sais pas, moi, ce que je pensons attraper.

VALÈRE

Que veux-tu, mon pauvre nourricier ? il faut bien obéir à notre maître : et puis nous avons intérêt, l'un et l'autre, à la santé de sa fille, notre maîtresse ; et sans doute son mariage, différé par sa maladie, nous vaudrait quelque récompense. Horace, qui est libéral, a bonne part aux prétentions qu'on peut avoir sur sa personne ; et, quoiqu'elle ait fait voir de l'amitié pour un certain Léandre, tu sais bien que son père n'a jamais voulu consentir à le recevoir pour son gendre.

MARTINE, *rêvant à part elle.*

Ne puis-je point trouver quelque invention pour me venger ?

LUCAS

Mais quelle fantaisie s'est-il boutée là dans la tête, puisque les médecins y avont tous pardu leur latin ?

VALÈRE

On trouve quelquefois, à force de chercher, ce qu'on ne trouve pas d'abord, et souvent en de simples lieux…

MARTINE

Oui, il faut que je m'en venge à quelque prix que ce soit. Ces coups me reviennent au cœur, je ne les saurais digérer ; et… *(Elle dit tout ceci en rêvant, de sorte que, ne prenant pas garde à ces hommes, elle les heurte en se retournant et leur dit :)* Ah ! Messieurs, je vous demande pardon ; je ne vous voyais pas, et cherchais dans ma tête quelque chose qui m'embarrasse.

VALÈRE

Chacun a ses soins dans le monde et nous cherchons aussi ce que nous voudrions bien trouver.

MARTINE

Serait-ce quelque chose où je vous puisse aider ?

VALÈRE

Cela se pourrait faire ; et nous tâchons de rencontrer quelque habile homme, quelque médecin particulier, qui pût donner quelque soulagement à la fille de notre maître, attaquée d'une maladie qui lui a ôté tout d'un coup l'usage de la langue. Plusieurs médecins ont déjà épuisé toute leur science auprès d'elle ; mais on trouve parfois des gens avec des secrets admirables, de certains remèdes particuliers, qui font le plus souvent ce que les autres n'ont su faire, et c'est ce que nous cherchons.

MARTINE, *elle dit ces premières lignes bas.*

Ah ! que le Ciel m'inspire une admirable invention pour me venger de mon pendard ! *(Haut.)* Vous ne pouviez jamais vous mieux adresser pour rencontrer ce que vous cherchez ; et nous avons ici un homme, le plus merveilleux homme du monde pour les maladies désespérées.

VALÈRE

Et de grâce, où pouvons-nous le rencontrer ?

MARTINE

Vous le trouverez maintenant vers ce petit lieu que voilà, qui s'amuse à couper du bois.

LUCAS

Un médecin qui coupe du bois !

VALÈRE

Qui s'amuse à cueillir des simples, voulez-vous dire ?

MARTINE

Non ; c'est un homme extraordinaire qui se plaît à cela, fantasque, bizarre, quinteux, et que vous ne prendriez jamais pour ce qu'il est. Il va vêtu d'une façon extravagante, affecte quelquefois de paraître ignorant, tient sa science renfermée, et ne fuit rien tant tous les jours que d'exercer les merveilleux talents qu'il a eus du Ciel pour la médecine.

VALÈRE

C'est une chose admirable, que tous les grands hommes ont toujours du caprice, quelque petit grain de folie mêlé à leur science.

MARTINE

La folie de celui-ci est plus grande qu'on ne peut croire, car elle va parfois jusqu'à vouloir être battu pour demeurer d'accord de sa capacité ; et je vous donne avis que vous n'en viendrez point à bout, qu'il n'avouera jamais qu'il est médecin, s'il se le met en fantaisie, que vous ne preniez chacun un bâton, et ne le réduisiez, à force de coups, à vous confesser à la fin ce qu'il vous cachera d'abord. C'est ainsi que nous en usons quand nous avons besoin de lui.

VALÈRE

Voilà une étrange folie !

MARTINE

Il est vrai ; mais, après cela, vous verrez qu'il fait des merveilles.

VALÈRE

Comment s'appelle-t-il ?

MARTINE

Il s'appelle Sganarelle. Mais il est aisé à connaître. C'est un homme qui a une large barbe noire et qui porte une fraise, avec un habit jaune et vert.

LUCAS

Un habit jaune et vart ! C'est donc le médecin des paroquets ?

VALÈRE

Mais est-il bien vrai qu'il soit si habile que vous le dites.

MARTINE

Comment ! c'est un homme qui fait des miracles. Il y a six mois qu'une femme fut abandonnée de tous les autres médecins : on la tenait morte il y avait déjà six heures, et l'on se disposait à l'ensevelir, lorsqu'on y fit venir de force l'homme dont nous parlons. Il lui mit, l'ayant vue, une petite goutte de je ne sais quoi dans la bouche, et, dans le même instant, elle se leva de son lit, et se mit aussitôt à se promener dans sa chambre, comme si de rien n'eût été.

LUCAS

Ah !

VALÈRE

Il fallait que ce fût quelque goutte d'or potable.

MARTINE

Cela pourrait bien être. Il n'y a pas trois semaines encore qu'un jeune enfant de douze ans tomba du haut du clocher en bas, et se brisa sur le pavé la tête, les bras et les jambes. On n'y eut pas plus tôt amené notre homme, qu'il le frotta par tout le corps d'un certain onguent qu'il sait faire ; et l'enfant aussitôt se leva sur ses pieds et courut jouer à la fossette.

LUCAS

Ah !

VALÈRE

Il faut que cet homme-là ait la médecine universelle.

MARTINE

Qui en doute ?

LUCAS

Téstigué ! velà justement l'homme qu'il nous faut. Allons vite le chercher.

VALÈRE

Nous vous remercions du plaisir que vous nous faites.

MARTINE

Mais souvenez-vous bien au moins de l'avertissement que je vous ai donné !

LUCAS

Eh ! morguenne ! laissez-nous faire : s'il ne tient qu'à battre, la vache est à nous.

VALÈRE *à Lucas.*

Nous sommes bien heureux d'avoir fait cette rencontre, et j'en conçois, pour moi, la meilleure espérance du monde.

15

Scène V

Sganarelle, Valère, Lucas.

SGANARELLE

La, la, la…

VALÈRE

J'entends quelqu'un qui chante et qui coupe du bois.

SGANARELLE *entre sur le théâtre en chantant et tenant une bouteille.*

La, la, la… Ma foi, c'est assez travailler pour un coup. Prenons un peu d'haleine. *(Il boit et dit après avoir bu.)* Voilà du bois qui est salé comme tous les diables.

(Il chante.)

> Qu'ils sont doux,
> Bouteille jolie.
> Qu'ils sont doux,
> Vos petits glouglous !
> Mais mon sort ferait bien des jaloux
> Si vous étiez toujours remplie.
> Ah ! bouteille ma mie,
> Pourquoi vous videz-vous ?

Allons, morbleu ! il ne faut point engendrer de mélancolie.

VALÈRE, *bas, à Lucas.*

Le voilà lui-même.

LUCAS, *bas, à Valère.*

Je pense que vous dites vrai, et que j'avons bouté le nez dessus.

VALÈRE

Voyons de près.

SGANARELLE, *embrassant sa bouteille.*

Ah ! ma petite friponne ! que je t'aime, mon petit bouchon !
(Il chante. Apercevant Valère et Lucas qui l'examinent, il baisse la voix.)

Mon sort… ferait… bien des… jaloux
Si…
(Voyant qu'on l'examine de plus près.)
Que diable ! à qui en veulent ces gens-là ?

VALÈRE, à Lucas.

C'est lui assurément.

LUCAS, à Valère.

Le velà tout craché comme on nous l'a défiguré.

(Sganarelle pose la bouteille à terre, et Valère se baissant pour le saluer, comme il croit que c'est à dessein de la prendre, il la met de l'autre côté ; Lucas faisant la même chose que Valère, Sganarelle reprend sa bouteille, et la tient contre son estomac, avec divers gestes qui font un jeu de théâtre.)

SGANARELLE, à part.

Ils consultent en me regardant. Quel dessein auraient-ils ?

Monsieur, n'est-ce pas vous qui vous appelez Sganarelle ?

SGANARELLE

Eh ! quoi ?

VALÈRE

Je vous demande si ce n'est pas vous qui se nomme Sganarelle ?

SGANARELLE se tournant vers Valère, puis vers Lucas.

Oui et non, selon ce que vous lui voulez.

VALÈRE

Nous ne voulons que lui faire toutes les civilités que nous pourrons.

SGANARELLE

En ce cas, c'est moi qui se nomme Sganarelle.

VALÈRE

Monsieur, nous sommes ravis de vous voir. On nous a adressés à vous pour ce que nous cherchons ; et nous venons implorer votre aide dont nous avons besoin.

SGANARELLE

Si c'est quelque chose, Messieurs, qui dépende de mon petit négoce, je suis tout prêt à vous rendre service.

VALÈRE

Monsieur, c'est trop de grâce que vous nous faites. Mais, Monsieur, couvrez-vous, s'il vous plaît ; le soleil pourrait vous incommoder.

LUCAS

Monsieu, boutez dessus.

SGANARELLE, *à part.*

Voici des gens bien pleins de cérémonie.

(Il se couvre.)

VALÈRE

Monsieur, il ne faut pas trouver étrange que nous venions à vous ; les gens habiles sont toujours recherchés, et nous sommes instruits de votre capacité.

SGANARELLE

Il est vrai, Messieurs, que je suis le premier homme du monde pour faire des fagots.

VALÈRE

Ah ! Monsieur !...

SGANARELLE

Je n'y épargne aucune chose, et les fais d'une façon qu'il n'y a rien à dire.

VALÈRE

Monsieur, ce n'est pas de cela dont il est question.

SGANARELLE

Mais aussi je les vends cent dix sols le cent.

VALÈRE

Ne parlons point de cela, s'il vous plaît.

SGANARELLE

Je vous promets que je ne saurais les donner à moins.

VALÈRE

Monsieur, nous savons les choses.

SGANARELLE

Si vous savez les choses, vous savez que je les vends cela.

VALÈRE

Monsieur, c'est se moquer que…

SGANARELLE

Je ne me moque point, je n'en puis rien rabattre.

VALÈRE

Parlons d'autre façon, de grâce.

SGANARELLE

Vous en pourrez trouver autre part à moins ; il y a fagots et fagots ; mais pour ceux que je fais…

VALÈRE

Eh ! Monsieur, laissons là ce discours.

SGANARELLE

Je vous jure que vous ne les auriez pas, s'il s'en fallait un double.

VALÈRE

Eh ! fi !

SGANARELLE

Non, en conscience ; vous en payerez cela. Je vous parle sincèrement et ne suis pas homme à surfaire.

VALÈRE

Faut-il, Monsieur, qu'une personne comme vous s'amuse à ces grossières feintes ? s'abaisse à parler de la sorte ? qu'un homme si savant, un fameux médecin comme vous êtes, veuille se déguiser aux yeux du monde, et tenir enterrés les beaux talents qu'il a !

SGANARELLE, *à part.*

Il est fou.

VALÈRE

De grâce, Monsieur, ne dissimulez point avec nous.

19

SGANARELLE

Comment ?

LUCAS

Tout ce tripotage ne sart de rian ; je savons çenque je savons.

SGANARELLE

Quoi donc ? Que me voulez-vous dire ? Pour qui me prenez-vous ?

VALÈRE

Pour ce que vous êtes, pour un grand médecin.

SGANARELLE

Médecin vous-même ! je ne le suis point, et ne l'ai jamais été.

VALÈRE, *bas.*

Voilà sa folie qui le tient. *(Haut.)* Monsieur, ne veuillez point nier les choses davantage, et n'en venons point, s'il vous plaît, à de fâcheuses extrémités.

SGANARELLE

À quoi donc ?

VALÈRE

À de certaines choses dont nous serions marris.

SGANARELLE

Parbleu ! venez-en à tout ce qu'il vous plaira ; je ne suis point médecin, et ne sais ce que vous me voulez dire.

VALÈRE, *bas.*

Je vois bien qu'il faut se servir du remède. *(Haut.)* Monsieur, encore un coup, je vous prie d'avouer ce que vous êtes.

LUCAS

Et téstigué ! ne lantiponez point davantage, et confessez à la franquette que v's êtes médecin.

SGANARELLE, *à part.*

J'enrage !

VALÈRE

À quoi bon nier ce qu'on sait ?

LUCAS

Pourquoi toutes ces fraimes-là? À quoi est-ce que ça vous sart ?

SGANARELLE

Messieurs, en un mot autant qu'en deux mille, je vous dis que je ne suis point médecin.

VALÈRE

Vous n'êtes point médecin ?

SGANARELLE

Non.

LUCAS

V'n'êtes pas médecin ?

SGANARELLE

Non, vous dis-je.

VALÈRE

Puisque vous le voulez, il faut s'y résoudre.
(Ils prennent chacun un bâton et frappent.)

SGANARELLE

Ah ! ah ! ah ! Messieurs, je suis tout ce qu'il vous plaira.

VALÈRE

Pourquoi, Monsieur, nous obligez-vous à cette violence ?

LUCAS

À quoi bon nous bailler la peine de vous battre ?

VALÈRE

Je vous assure que j'en ai tous les regrets du monde.

LUCAS

Par ma figué ! j'en sis fâché, franchement.

SGANARELLE

Que diable est ceci, Messieurs ? De grâce, est-ce pour rire, ou si tous deux vous extravaguez, de vouloir que je sois médecin ?

VALÈRE

Quoi ! vous ne vous rendez pas encore, et vous vous défendez d'être médecin ?

SGANARELLE

Diable emporte si je le suis !

LUCAS

Il n'est pas vrai qu'vous sayez médecin ?

SGANARELLE

Non, la peste m'étouffe ! *(Ils recommencent à le battre.)* Ah ! ah ! Eh bien. Messieurs, oui, puisque vous le voulez, je suis médecin, je suis médecin ; apothicaire encore, si vous le trouvez bon. J'aime mieux consentir à tout que de me faire assommer.

VALÈRE

Ah ! voilà qui va bien, Monsieur, je suis ravi de vous voir raisonnable.

LUCAS

Vous me boutez la joie au cœur, quand je vous vois parler comme ça.

VALÈRE

Je vous demande pardon de toute mon âme.

LUCAS

Je vous demandons excuse de la libarté que j'avons prise.

SGANARELLE, *à part.*

Ouais, serait-ce bien moi qui me tromperais, et serais-je devenu médecin sans m'en être aperçu ?

VALÈRE

Monsieur, vous ne vous repentirez pas de nous montrer ce que vous êtes, et vous verrez assurément que vous en serez satisfait.

SGANARELLE

Mais, Messieurs, dites-moi, ne vous trompez-vous point vous-mêmes ? Est-il bien assuré que je sois médecin ?

LUCAS

Oui, par ma figué !

SGANARELLE

Tout de bon ?

VALÈRE

Sans doute.

SGANARELLE

Diable emporte si je le savais !

VALÈRE

Comment vous êtes le plus habile médecin du monde.

SGANARELLE

Ah ! ah !

LUCAS

Un médecin qui a gari je ne sais combien de maladies.

SGANARELLE

Tudieu !

VALÈRE

Une femme était tenue pour morte il y avait six heures ; elle était prête à ensevelir, lorsque avec une goutte de quelque chose vous la fîtes revenir et marcher d'abord par la chambre.

SGANARELLE

Peste !

LUCAS

Un petit enfant de douze ans se laissit choir du haut d'un clocher, de quoi il eut la tête, les jambes et les bras cassés ; et vous, avec je ne sais quel onguent, vous fîtes qu'aussitôt il se relevit sur ses pieds, et s'en fut jouer à la fossette.

SGANARELLE

Diantre !

VALÈRE

Enfin, Monsieur, vous aurez contentement avec nous ; et vous gagnerez ce que vous voudrez, en vous laissant conduire où nous prétendons vous mener.

SGANARELLE

Je gagnerai ce que je voudrai ?

VALÈRE

Oui.

SGANARELLE

Ah ! je suis médecin, sans contredit. Je l'avais oublié ; mais je m'en ressouviens. De quoi est-il question ? où faut-il se transporter ?

VALÈRE

Nous vous conduirons. Il est question d'aller voir une fille qui a perdu la parole.

SGANARELLE

Ma foi ! je ne l'ai pas trouvée.

VALÈRE, *bas, à Lucas.*

Il aime à rire. *(À Sganarelle.)* Allons, Monsieur.

SGANARELLE

Sans une robe de médecin ?

VALÈRE

Nous en prendrons une.

SGANARELLE, *présentant sa bouteille à Valère.*

Tenez cela, vous ; voilà où je mets mes juleps. *(Puis se tournant vers Lucas en crachant.)* Vous, marchez là-dessus par ordonnance du médecin.

LUCAS

Palsanguenne ! ! velà un médecin qui me plaît ; je pense qu'il réussira, car il est bouffon.

Acte deuxième

Le théâtre représente une chambre de la maison de Géronte.

Scène première

Géronte, Valère, Lucas, Jacqueline.

VALÈRE

Oui, Monsieur, je crois que vous serez satisfait ; et nous vous avons amené le plus grand médecin du monde.

LUCAS

Oh ! morguenne ! il faut tirer l'échelle après ceti-là ; et tous les autres ne sont pas daignes de li déchausser ses souillez.

VALÈRE

C'est un homme qui a fait des cures merveilleuses.

LUCAS

Qui a gari des gens qui estiants morts.

VALÈRE

Il est un peu capricieux, comme je vous ai dit ; et parfois il a des moments où son esprit s'échappe, et ne paraît pas ce qu'il est.

LUCAS

Oui, il aime à bouffonner ; et l'an dirait parfois, ne v's en déplaise, qu'il a quelque petit coup de hache à la tête.

VALÈRE

Mais, dans le fond, il est toute science, et bien souvent il dit des choses tout à fait relevées.

LUCAS

Quand il s'y boute, il parle tout fin drait comme s'il lisait dans un livre.

VALÈRE

Sa réputation s'est déjà répandue ici, et tout le monde vient à lui.

25

GÉRONTE

Je me meurs d'envie de le voir ; faites-le-moi vite venir.

VALÈRE

Je le vais quérir.

Scène II

Valère, Sganarelle, Géronte, Lucas, Jacqueline.

VALÈRE
Monsieur, préparez-vous. Voici notre médecin qui entre.

GÉRONTE, *à Sganarelle.*
Monsieur, je suis ravi de vous voir chez moi, et nous avons grand besoin de vous.

SGANARELLE, *en robe de médecin*
avec un chapeau des plus pointus.
Hippocrate dit… que nous nous couvrions tous deux.

GÉRONTE
Hippocrate dit cela ?

SGANARELLE
Oui.

GÉRONTE
Dans quel chapitre, s'il vous plaît ?

SGANARELLE
Dans son chapitre… des chapeaux.

GÉRONTE
Puisque Hippocrate le dit, il le faut faire.

SGANARELLE
Monsieur le Médecin, ayant appris les merveilleuses choses…

GÉRONTE
À qui parlez-vous, de grâce ?

SGANARELLE
À vous.

GÉRONTE
Je ne suis pas médecin.

SGANARELLE

Vous n'êtes pas médecin ?

GÉRONTE

Non, vraiment.

SGANARELLE

Tout de bon ?

GÉRONTE

Tout de bon. *(Sganarelle prend un bâton et frappe Géronte.)* Ah ! ah ! ah !

SGANARELLE

Vous êtes médecin maintenant ; je n'ai jamais eu d'autres licences.

GÉRONTE, *à Valère.*

Quel diable d'homme m'avez-vous là amené ?

VALÈRE

Je vous ai bien dit que c'était un médecin goguenard.

GÉRONTE

Oui ; mais je l'enverrais promener avec ses goguenarderies.

LUCAS

Ne prenez pas garde à ça, Monsieur, ce n'est que pour rire.

GÉRONTE

Cette raillerie ne me plaît pas.

SGANARELLE

Monsieur, je vous demande pardon de la liberté que j'ai prise.

GÉRONTE

Monsieur, je suis votre serviteur.

SGANARELLE

Je suis fâché…

GÉRONTE

Cela n'est rien.

SGANARELLE

Des coups de bâton…

GÉRONTE

Il n'y a pas de mal.

SGANARELLE

Que j'ai eu l'honneur de vous donner.

GÉRONTE

Ne parlons plus de cela. Monsieur, j'ai une fille qui est tombée dans une étrange maladie.

SGANARELLE

Je suis ravi, Monsieur, que votre fille ait besoin de moi, et je souhaiterais de tout mon cœur que vous en eussiez besoin aussi, vous et toute votre famille, pour vous témoigner l'envie que j'ai de vous servir.

GÉRONTE

Je vous suis obligé de ces sentiments.

SGANARELLE

Je vous assure que c'est du meilleur de mon âme que je vous parle.

GÉRONTE

C'est trop d'honneur que vous me faites.

SGANARELLE

Comment s'appelle votre fille ?

GÉRONTE

Lucinde.

SGANARELLE

Lucinde ! Ah ! beau nom à médicamenter ! Lucinde !

GÉRONTE

Je m'en vais voir un peu ce qu'elle fait.

Scène III

Géronte, Sganarelle, Lucas, Jacqueline.

GÉRONTE

Monsieur, voici tout à l'heure ma fille qu'on va vous amener.

SGANARELLE

Je l'attends, Monsieur, avec toute la médecine.

GÉRONTE

Où est-elle ?

SGANARELLE, *se touchant le front.*

Là-dedans.

GÉRONTE

Fort bien.

SGANARELLE, *en voulant toucher les tétons de la nourrice.*

Mais comme je m'intéresse à toute votre famille, il faut que j'essaye un peu le lait de votre nourrice, et que je visite son sein.

LUCAS, *le tirant, et lui faisant faire la pirouette.*

Nanin, nanin ; je n'avons que faire de ça.

SGANARELLE

C'est l'office du médecin de voir les tétons des nourrices.

LUCAS

Il gnia office qui quienne, je sis votre sarviteur.

SGANARELLE

As-tu bien la hardiesse de t'opposer au médecin ? Hors de là.

LUCAS

Je me moque de ça.

SGANARELLE, *en le regardant de travers.*

Je te donnerai la fièvre.

JACQUELINE, *prenant Lucas par le*
bras, et lui faisant aussi faire la pirouette.

Ôte-toi de là aussi, est-ce que je ne sis pas assez grande pour me défendre moi-même, s'il me fait quelque chose qui ne soit pas à faire ?

LUCAS

Je ne veux pas qu'il te tâte, moi.

SGANARELLE

Fi, le vilain, qui est jaloux de sa femme.

GÉRONTE

Voici ma fille

Scène IV

Lucinde, Géronte, Sganarelle, Valère, Lucas, Jacqueline.

SGANARELLE

Est-ce là la malade ?

GÉRONTE

Oui. Je n'ai qu'elle de fille ; et j'aurais tous les regrets du monde si elle venait à mourir.

SGANARELLE

Qu'elle s'en garde bien ! Il ne faut pas qu'elle meure sans l'ordonnance du médecin.

GÉRONTE

Allons, un siège.

SGANARELLE, *à Lucinde.*

Eh bien, de quoi est-il question ? Qu'avez-vous ? Quel est le mal que vous sentez ?

LUCINDE, *portant sa main à sa bouche, à sa tête et sous son menton.*

Han, hi, hom, han.

SGANARELLE

Eh ! que dites-vous ?

LUCINDE *continue les mêmes gestes.*

Han, hi, hom, han, han, hi, hom.

SGANARELLE

Quoi ?

LUCINDE

Han, hi, hom.

SGANARELLE, *la contre faisant.*

Han, hi, hom, han, ha. Je ne vous entends point. Quel diable de langage est-ce là ?

GÉRONTE

Monsieur, c'est là sa maladie, elle est devenue muette, sans que jusques ici on en ait pu savoir la cause ! et c'est un accident qui a fait reculer son mariage.

SGANARELLE

Et pourquoi ?

GÉRONTE

Celui qu'elle doit épouser veut attendre sa guérison pour conclure les choses.

SGANARELLE

Et qui est ce sot-là, qui ne veut pas que sa femme soit muette ? Plût à Dieu que la mienne eût cette maladie ! je me garderais bien de la vouloir guérir.

GÉRONTE

Enfin, Monsieur, nous vous prions d'employer tous vos soins pour la soulager de son mal.

SGANARELLE

Ah ! ne vous mettez pas en peine. Dites-moi un peu, ce mal l'oppresse-t-il beaucoup ?

GÉRONTE

Oui, Monsieur.

SGANARELLE

Tant mieux. Sent-elle de grandes douleurs ?

GÉRONTE

Fort grandes.

SGANARELLE

C'est fort bien fait. Va-t-elle où vous savez ?

GÉRONTE

Oui.

SGANARELLE

Copieusement ?

GÉRONTE

Je n'entends rien à cela.

SGANARELLE

La matière est-elle louable ?

GÉRONTE

Je ne me connais pas à ces choses.

SGANARELLE, *à Lucinde.*

Donnez-moi votre bras. *(À Géronte.)* Voilà un pouls qui marque que votre fille est muette.

GÉRONTE

Eh ! oui, Monsieur, c'est là son mal ; vous l'avez trouvé tout du premier coup.

SGANARELLE

Ah ! ah !

JACQUELINE

Voyez comme il a deviné sa maladie.

SGANARELLE

Nous autres grands médecins, nous connaissons d'abord les choses. Un ignorant aurait été embarrassé, et vous eût été dire : « C'est ceci, c'est cela ; » mais, moi, je touche au but du premier coup, et je vous apprends que votre fille est muette.

GÉRONTE

Oui ; mais je voudrais bien que vous me pussiez dire d'où cela vient.

SGANARELLE

Il n'est rien de plus aisé : cela vient de ce qu'elle a perdu la parole.

GÉRONTE

Fort bien. Mais la cause, s'il vous plaît, qui fait qu'elle a perdu la parole ?

SGANARELLE

Tous nos meilleurs auteurs vous diront que c'est l'empêchement de l'action de sa langue.

GÉRONTE

Mais, encore, vos sentiments sur cet empêchement de l'action de sa langue ?

SGANARELLE

Aristote, là-dessus, dit… de fort belles choses.

GÉRONTE

Je le crois.

SGANARELLE

Ah ! c'était un grand homme !

GÉRONTE

Sans doute.

SGANARELLE

Grand homme tout à fait… (Levant le bras depuis le coude.) un homme qui était plus grand que moi de tout cela. Pour revenir donc à notre raisonnement, je tiens que cet empêchement de l'action de sa langue est causé par de certaines humeurs, qu'entre nous autres savants nous appelons humeurs peccantes ; c'est-à-dire… humeurs peccantes, d'autant que les vapeurs formées par les exhalaisons des influences qui s'élèvent dans la région des maladies, venant… pour ainsi dire… à… Entendez-vous le latin ?

GÉRONTE

En aucune façon.

SGANARELLE, *se levant avec étonnement.*

Vous n'entendez point le latin ?

GÉRONTE

Non.

SGANARELLE, *avec enthousiasme.*

Cabricias arci thuram, catalamus, singulariter, nominativo, hæc Musa, « la Muse bonus, bona, bonum. Deus sanctus estne oratio latinas ? Etiam, « oui ». Quare, « pourquoi » ? Quia substantivo et adjectivum concordat in generi, numerum, et casus.

GÉRONTE

Ah ! que n'ai-je étudié !

JACQUELINE

L'habile homme que velà !

LUCAS

Oui, ça est si biau que je n'y entends goutte.

SGANARELLE

Or ces vapeurs dont je vous parle venant à passer du côté gauche où est le foie, au côté droit où est le cœur, il se trouve que le poumon que nous appelons en latin *armyan*, ayant communication avec le cerveau, que nous nommons en grec *nasmus*, par le moyen de la veine cave, que nous appelons en hébreu *cubile*, rencontre en son chemin lesdites vapeurs qui remplissent les ventricules de l'omoplate ; et parce que lesdites vapeurs... comprenez bien ce raisonnement, je vous prie... ; et parce que lesdites vapeurs ont certaine malignité... écoutez bien ceci, je vous conjure.

GÉRONTE

Oui.

SGANARELLE

Ont une certaine malignité qui est causée... soyez attentif, s'il vous plaît.

GÉRONTE

Je le suis.

SGANARELLE

Qui est causée par l'âcreté des humeurs engendrées dans la concavité du diaphragme, il arrive que ces vapeurs... *Ossabandus, nequeys, nequer, potarinum quipsa milus.* Voilà justement ce qui fait que votre fille est muette.

JACQUELINE

Ah ! que ça est bian dit, notte homme !

LUCAS

Que n'ai-je la langue aussi bian pendue !

GÉRONTE

On ne peut pas mieux raisonner, sans doute. Il n'y a qu'une seule chose qui m'a choqué : c'est l'endroit du foie et du cœur. Il me semble que vous les placez autrement qu'ils ne sont : que le cœur est du côté gauche, et le foie du côté droit.

SGANARELLE

Oui, cela était autrefois ainsi ; mais nous avons changé tout cela, et nous faisons maintenant la médecine d'une méthode toute nouvelle.

GÉRONTE

C'est ce que je ne savais pas, et je vous demande pardon de mon ignorance.

SGANARELLE

Il n'y a point de mal ; et vous n'êtes pas obligé d'être aussi habile que nous.

GÉRONTE

Assurément. Mais, Monsieur, que croyez-vous qu'il faille faire à cette maladie ?

SGANARELLE

Ce que je crois qu'il faille faire ?

GÉRONTE

Oui.

SGANARELLE

Mon avis est qu'on la remette sur son lit, et qu'on lui fasse prendre pour remède quantité de pain trempé dans du vin.

GÉRONTE

Pourquoi cela, Monsieur ?

SGANARELLE

Parce qu'il y a dans le vin et le pain, mêlés ensemble, une vertu sympathique qui fait parler. Ne voyez-vous pas bien qu'on ne donne autre chose aux perroquets, et qu'ils apprennent à parler en mangeant de cela ?

GÉRONTE

Cela est vrai. Ah ! le grand homme ! Vite, quantité de pain et de vin.

SGANARELLE

Je reviendrai voir sur le soir en quel état elle sera.

…………………

GÉRONTE

Attendez un peu, s'il vous plaît.

SGANARELLE
Que voulez-vous faire ?

GÉRONTE

Vous donner de l'argent, Monsieur.

SGANARELLE, *tendant sa main par*
derrière, tandis que Géronte ouvre sa bourse.

Je n'en prendrai pas, Monsieur.

GÉRONTE

Monsieur...

SGANARELLE

Point du tout.

GÉRONTE

Un petit moment.

SGANARELLE

En aucune façon.

GÉRONTE

De grâce !

SGANARELLE

Vous vous moquez.

GÉRONTE

Voilà qui est fait.

SGANARELLE

Je n'en ferai rien.

GÉRONTE

Eh !

SGANARELLE

Ce n'est pas l'argent qui me fait agir.

GÉRONTE

Je le crois.

SGANARELLE, *après avoir pris l'argent.*

Cela est-il de poids ?

GÉRONTE

Oui, Monsieur.

SGANARELLE

Je ne suis pas un médecin mercenaire.

GÉRONTE

Je le sais bien.

SGANARELLE

L'intérêt ne me gouverne point.

GÉRONTE

Je n'ai pas cette pensée.

Scène V

Sganarelle, Léandre.

SGANARELLE, *seul, regardant l'argent qu'il a reçu.*

Ma foi, cela ne va pas mal et pourvu que…

LÉANDRE

Monsieur, il y a longtemps que je vous attends, et je viens implorer votre assistance.

SGANARELLE, *lui prenant le poignet.*

Voilà un pouls qui est fort mauvais.

LÉANDRE

Je ne suis point malade, Monsieur, et ce n'est pas pour cela que je viens à vous.

SGANARELLE

Si vous n'êtes pas malade, que diable ne le dites-vous donc ?

LÉANDRE

Non : pour vous dire la chose en deux mots, je m'appelle Léandre, qui suis amoureux de Lucinde, que vous venez de visiter ; et comme, par la mauvaise humeur de son père, toute sorte d'accès m'est fermé auprès d'elle, je me hasarde à vous prier de vouloir servir mon amour, et de me donner lieu d'exécuter un stratagème que j'ai trouvé, pour lui pouvoir dire deux mots, d'où dépendent absolument mon bonheur et ma vie.

SGANARELLE, *paraissant en colère.*

Pour qui me prenez-vous ? Comment oser vous adresser à moi pour vous servir dans votre amour, et vouloir ravaler la dignité de médecin à des emplois de cette nature ?

LÉANDRE

Monsieur, ne faites point de bruit.

SGANARELLE, *en le faisant reculer.*

J'en veux faire, moi. Vous êtes un impertinent.

LÉANDRE

Eh ! Monsieur, doucement.

SGANARELLE

Un malavisé.

LÉANDRE

De grâce !

SGANARELLE

Je vous apprendrai que je ne suis point homme à cela, et que c'est une insolence extrême…

LÉANDRE, *tirant une bourse qu'il lui donne.*

Monsieur.

SGANARELLE, *tenant la bourse.*

De vouloir m'employer… Je ne parle pas pour vous, car vous êtes honnête homme, et je serais ravi de vous rendre service ; mais il y a de certains impertinents au monde qui viennent prendre les gens pour ce qu'ils ne sont pas ; et je vous avoue que cela me met en colère.

LÉANDRE

Je vous demande pardon, Monsieur, de la liberté que…

SGANARELLE

Vous vous moquez. De quoi est-il question ?

LÉANDRE

Vous saurez donc, Monsieur, que cette maladie que vous voulez guérir est une feinte maladie. Les médecins ont raisonné là-dessus comme il faut ; et ils n'ont pas manqué de dire que cela procédait, qui du cerveau, qui des entrailles, qui de la rate, qui du foie ; mais il est certain que l'amour en est la véritable cause, et que Lucinde n'a trouvé cette maladie que pour se délivrer d'un mariage dont elle était importunée. Mais, de crainte qu'on ne nous voie ensemble, retirons-nous d'ici, et je vous dirai en marchant ce que je souhaite de vous.

SGANARELLE

Allons, Monsieur : vous m'avez donné pour votre amour une tendresse qui n'est pas concevable ; et j'y perdrai toute ma médecine, ou la malade crèvera, ou bien elle sera à vous.

Acte troisième

Le théâtre représente un lieu voisin de la maison de Géronte.

Scène première

Léandre, Sganarelle.

LÉANDRE

Il me semble que je ne suis pas mal ainsi pour un apothicaire ; et, comme le père ne m'a guère vu, ce changement d'habit et de perruque est assez capable, je crois, de me déguiser à ses yeux.

SGANARELLE

Sans doute.

LÉANDRE

Tout ce que je souhaiterais serait de savoir cinq ou six grands mots de médecine pour parer mon discours et me donner l'air d'habile homme.

SGANARELLE

Allez, allez, tout cela n'est pas nécessaire ; il suffit de l'habit, et je n'en sais pas plus que vous.

LÉANDRE

Comment ?

SGANARELLE

Diable emporte si j'entends rien en médecine ! Vous êtes honnête homme, et je veux bien me confiera vous comme vous vous confiez à moi.

LÉANDRE

Quoi ? vous n'êtes pas effectivement…

SGANARELLE

Non, vous dis-je ; ils m'ont fait médecin malgré mes dents. Je ne m'étais jamais mêlé d'être si savant que cela ; et toutes mes études n'ont été que jusqu'en sixième. Je ne sais point sur quoi cette imagination leur est venue ; mais, quand j'ai vu qu'à toute force ils voulaient que je fusse médecin, je me suis résolu de l'être aux dépens de qui il appartiendra. Cependant vous ne sauriez croire comment l'erreur s'est répandue, et de quelle façon chacun est endiablé à me croire habile homme. On me vient chercher de tous les côtés ; et, si les choses vont toujours de même, je suis d'avis de m'en tenir toute ma vie à la médecine. Je trouve que c'est le métier le meilleur de tous ; car, soit qu'on fasse bien, ou soit qu'on fasse mal, on est toujours payé de même sorte. La méchante besogne ne retombe jamais sur notre dos, et nous taillons comme il nous plaît sur l'étoffe où nous travaillons. Un cordonnier, en faisant des souliers, ne saurait gâter un morceau de cuir qu'il n'en paye les pots cassés ; mais ici l'on peut gâter un homme sans qu'il en coûte rien. Les bévues ne sont point pour nous, et c'est toujours la faute de celui qui meurt. Enfin le bon de cette profession est qu'il y a parmi les morts une honnêteté, une discrétion la plus grande du monde, et jamais on n'en voit se plaindre du médecin qui l'a tué.

LÉANDRE

Il est vrai que les morts sont fort honnêtes gens sur cette matière.

SGANARELLE, *voyant des hommes qui viennent à lui.*

Voilà des gens qui ont la mine de venir me consulter. *(À Léandre.)* Allez toujours m'attendre auprès du logis de votre maîtresse.

Scène II

Thibaut, Perrin, Sganarelle.

THIBAUT

Monsieu, je venons vous charcher, mon fils Perrin et moi.

SGANARELLE

Qu'y a-t-il ?

THIBAUT

Sa pauvre mère, qui a nom Parette, est dans un lit, malade, il y six mois.

SGANARELLE, *tendant la main*
comme pour recevoir de l'argent.

Que voulez-vous que j'y fasse ?

THIBAUT

Je voudrions, Monsieu, que vous nous baillissiez queuque petite drôlerie pour la garir.

SGANARELLE

Il faut voir de quoi est-ce qu'elle est malade.

THIBAUT

Elle est malade d'hypocrisie, Monsieu.

SGANARELLE

D'hypocrisie ?

THIBAUT

Oui, c'est-à-dire qu'alle est enflée par tout ; et l'an dit que c'est quantité de sériosités qu'alle a dans le corps, et que son foie, son ventre, ou sa rate, comme vous voudrais l'appeler, au glieu de faire du sang, ne fait plus que de l'iau. Alle a, de deux jours l'un, la fièvre quotiguenne, avec des lassitules et des douleurs dans les mufles des jambes. On entend dans sa gorge des fleumes qui sont tout prêts à l'étouffer ; et parfois il lui prend des syncoles et des conversions, que je crayons qu'alle est passée. J'avons dans notre village un apothicaire, révérence parler, qui li a donné je ne sai combien d'histoires ; et il m'en coûte plus d'eune douzaine de bons écus en lavements, ne v's en

44

déplaise, en apostumes qu'on li a fait prendre, en infections de jacinthe et en portions cordales. Mais tout ça, comme dit l'autre, n'a été que de l'onguent miton-mitaine. Il velait li bailler d'eune certaine drogue que l'on appelle du vin amétile, mais j'ai-s-eu peur, franchement, que ça l'envoyît *à patres ;* et l'an dit que ces gros médecins tuont je ne sai combien de monde avec cette invention-là.

SGANARELLE, *tendant toujours la main et la branlant, comme pour signe qu'il demande de l'argent.*

Venons au fait, mon ami, venons au fait.

THIBAUT

Le fait est, Monsieu, que je venons vous prier de nous dire ce qu'il faut que je fassions.

SGANARELLE

Je ne vous entends point du tout.

PERRIN

Monsieu, ma mère est malade, et velà deux écus que je vous apportons pour nous bailler queuque remède.

SGANARELLE

Ah ! je vous entends ! vous. Voilà un garçon qui parle clairement et qui s'explique comme il faut. Vous dites que votre mère est malade d'hydropisie, qu'elle est enflée par tout le corps, qu'elle a la fièvre, avec des douleurs dans les jambes, et qu'il lui prend parfois des syncopes et des convulsions, c'est-à-dire des évanouissements ?

PERRIN

Eh ! oui, Monsieu, c'est justement ça.

SGANARELLE

J'ai compris d'abord vos paroles. Vous avez un père qui ne sait ce qu'il dit. Maintenant, vous me demandez un remède ?

PERRIN

Oui, Monsieu.

SGANARELLE

Un remède pour la guérir ?

PERRIN

C'est comme je l'entendons.

SGANARELLE

Tenez, voilà un morceau de fromage qu'il faut que vous lui fassiez prendre.

PERRIN

Du fromage, Monsieu ?

SGANARELLE

Oui ; c'est un fromage préparé, où il entre de l'or, du corail et des perles, et quantité d'autres choses précieuses.

PERRIN

Monsieu, je vous sommes bien obligés, et j'allons li faire prendre ça tout à l'heure.

SGANARELLE

Allez. Si elle meurt, ne manquez pas de la faire enterrer du mieux que vous pourrez.

Scène III

Jacqueline, Sganarelle, Lucas.

SGANARELLE

Voici la belle nourrice. Ah ! Nourrice de mon cœur, je suis ravi de cette rencontre, et votre vue est la rhubarbe, la casse et le séné qui purgent toute la mélancolie de mon âme.

JACQUELINE

Par ma figué ! Monsieu le Médecin, ça est trop bian dit pour moi, et je n'entends rien à tout votre latin.

SGANARELLE

Devenez malade, nourrice, je vous prie ; devenez malade pour l'amour de moi : J'aurais toutes les joies du monde de vous guérir.

JACQUELINE

Je sis votte sarvante : j'aime bian mieux qu'an ne me guérisse pas.

SGANARELLE

Que je vous plains, belle nourrice, d'avoir un mari jaloux et fâcheux comme celui que vous avez !

JACQUELINE

Que velez-vous, Monsieu ? c'est pour la pénitence de mes fautes ; et là où la chèvre est liée, il faut bian qu'alle y broute.

SGANARELLE

Comment ! un rustre comme cela ! un homme qui vous observe toujours, et ne veut pas que personne vous parle !

JACQUELINE

Hélas ! vous n'avez rien vu encore, et ce n'est qu'un petit échantillon de sa mauvaise humeur.

SGANARELLE

Est-il possible ? et qu'un homme ait l'âme assez basse pour maltraiter une personne comme vous ? Ah que j'en sais, belle nourrice, et qui ne sont pas loin d'ici, qui se tiendraient heureux de baiser seulement les petits bouts de vos petons. Pourquoi faut-il qu'une personne si bien faite soit tombée en de telles mains, et qu'un franc animal, un brutal, un stupide, un sot... Pardonnez-moi, nourrice, si je parle ainsi de votre mari.

JACQUELINE

Eh, Monsieu, je sais bien qu'il mérite tous ces noms-là.

SGANARELLE

Oui, sans doute, nourrice, il les mérite, et il mériterait encore que vous lui missiez quelque chose sur la tête, pour le punir des soupçons qu'il a.

JACQUELINE

Il est bien vrai, que si je n'avais devant les yeux que son intérêt, il pourrait m'obliger à queuque étrange chose.

SGANARELLE

Ma foi ! vous ne feriez pas mal de vous venger de lui avec quelqu'un. C'est un homme, je vous le dis, qui mérite bien cela ; et si j'étais assez heureux, belle nourrice, pour être choisi pour...

En cet endroit, tous deux apercevant Lucas qui était derrière eux et entendait leur dialogue, chacun se retire de son côté, mais le médecin d'une manière fort plaisante.

Scène IV

Géronte, Lucas.

GÉRONTE

Holà ! Lucas, n'as-tu point vu ici notre médecin ?

LUCAS

Et oui, de par tous les diantres, je l'ai vu, et ma femme aussi.

GÉRONTE

Où est-ce donc qu'il peut être ?

LUCAS

Je ne sais ; mais je voudrais qu'il fût à tous les guebles.

GÉRONTE

Va-t'en voir un peu ce que fait ma fille.

Scène V

Géronte, Léandre, Sganarelle.

GÉRONTE

Ah ! Monsieur, je demandais où vous étiez.

SGANARELLE

Je m'étais amusé dans votre cour à expulser le superflu de la boisson. Comment se porte la malade ?

GÉRONTE

Un peu plus mal depuis votre remède.

SGANARELLE

Tant mieux : c'est signe qu'il opère.

GÉRONTE

Oui, mais en opérant, je crains qu'il ne l'étouffe.

SGANARELLE

Ne vous mettez pas en peine ; j'ai des remèdes qui se moquent de tout, et je l'attends à l'agonie.

GÉRONTE

Qui est cet homme-là que vous amenez ?

SGANARELLE, *faisant des signes avec la main que c'est un apothicaire.*

C'est...

GÉRONTE

Quoi ?

SGANARELLE

Celui...

GÉRONTE

Eh ?

SGANARELLE

Qui…

GÉRONTE

Je vous entends.

SGANARELLE

Votre fille en aura besoin.

Scène VI

Lucinde, Géronte, Léandre, Jacqueline, Sganarelle.

JACQUELINE

Monsieu, velà votre fille qui veut un peu marcher.

SGANARELLE

Cela lui fera du bien. *Allez-vous-en, Monsieur l'Apothicaire, tâter un peu son pouls, afin que je raisonne tantôt avec vous de sa maladie. (Sganarelle tire Géronte dans un coin du théâtre, et lui passe un bras sur les épaules pour l'empêcher de tourner la tête du côté où sont Léandre et Lucinde.)* Monsieur, c'est une grande et subtile question entre les doctes, de savoir si les femmes sont plus faciles à guérir que les hommes. Je vous prie d'écouter ceci, s'il vous plaît. Les uns disent que non, les autres disent que oui : et moi je dis que oui et non ; d'autant que l'incongruité des humeurs opaques, qui se rencontrent au tempérament naturel des femmes, étant cause que la partie brutale veut toujours prendre empire sur la sensitive, on voit que l'inégalité de leurs opinions dépend du mouvement oblique du cercle de la lune ; et, comme le soleil, qui darde ses rayons sur la concavité de la terre, trouve...

LUCINDE, *à Léandre.*

Non, je ne suis point du tout capable de changer de sentiments.

GÉRONTE

Voilà ma fille qui parle ! Ô grande vertu du remède ! Ô admirable médecin ! Que je vous suis obligé, Monsieur, de cette guérison merveilleuse ! et que puis-je faire pour vous après un tel service ?

SGANARELLE *se promenant sur le théâtre et s'éventant avec son chapeau.*

Voilà une maladie qui m'a bien donné de la peine !

LUCINDE

Oui, mon père, j'ai recouvré la parole ; mais je l'ai recouvrée pour vous dire que je n'aurai jamais d'autre époux que Léandre, et que c'est inutilement que vous voulez me donner Horace.

GÉRONTE

Mais...

LUCINDE

Rien n'est capable d'ébranler la résolution que j'ai prise.

GÉRONTE

Quoi ?

LUCINDE

Vous m'opposerez en vain de belles raisons.

GÉRONTE

Si…

LUCINDE

Tous vos discours ne serviront de rien.

GÉRONTE

Je…

LUCINDE

C'est une chose où je suis déterminée.

Mais…

LUCINDE

Il n'est puissance paternelle qui me puisse obliger à me marier malgré moi.

GÉRONTE

J'ai…

LUCINDE

Vous avez beau faire tous vos efforts.

GÉRONTE

Il…

LUCINDE

Mon cœur ne saurait se soumettre à cette tyrannie.

GÉRONTE

Là…

LUCINDE

Et je me jetterai plutôt dans un couvent que d'épouser un homme que je n'aime point.

GÉRONTE

Mais…

LUCINDE, *parlant d'un ton de voix à étourdir.*

Non. En aucune façon. Point d'affaire. Vous perdez le temps. Je n'en ferai rien. Cela est résolu.

GÉRONTE

Ah ! quelle impétuosité de paroles ! il n'y a pas moyen d'y résister. *(À Sganarelle.)* Monsieur, je vous prie de la faire redevenir muette.

SGANARELLE

C'est une chose qui m'est impossible. Tout ce que je puis faire pour votre service est de vous rendre sourd si vous voulez.

GÉRONTE

Je vous remercie. *(À Lucinde.)* Penses-tu donc…

LUCINDE

Non, toutes vos raisons ne gagneront rien sur mon âme.

GÉRONTE

Tu épouseras Horace, dès ce soir.

LUCINDE

J'épouserai plutôt la mort.

SGANARELLE

Mon Dieu, arrêtez-vous, laissez-moi médicamenter cette affaire. C'est une maladie qui la tient, et je sais le remède qu'il y faut apporter.

GÉRONTE

Serait-il possible, Monsieur, que vous puissiez aussi guérir cette maladie d'esprit ?

SGANARELLE

Oui : laissez-moi faire, j'ai des remèdes pour tout, et notre apothicaire nous servira pour cette cure. *(Il appelle l'apothicaire et lui parle.)* Un mot. Vous voyez que l'ardeur qu'elle a pour ce Léandre est tout à fait contraire aux volontés du père, qu'il n'y a point de temps à perdre, que les humeurs sont fort aigries, et qu'il est nécessaire de trouver promptement un remède à ce mal qui pourrait empirer par le retardement. Pour moi, je n'y en vois qu'un seul, qui est une prise de fuite purgative, que vous mêlerez comme il faut avec deux drachmes de matrimonium en pilules. Peut-être fera-t-elle quelque difficulté à prendre ce remède : mais comme vous êtes habile homme dans votre métier, c'est à vous de l'y résoudre, et de lui faire avaler la chose du mieux que vous pourrez. Allez-vous-en lui faire faire un petit tour de jardin, afin de préparer les humeurs, tandis que j'entretiendrai ici son père ; mais surtout, ne perdez point de temps : au remède, vite, au remède spécifique !

Scène VII

Géronte, Sganarelle.

GÉRONTE

Quelles drogues, Monsieur, sont celles que vous venez de dire ? Il me semble que je ne les ai jamais ouï nommer.

SGANARELLE

Ce sont drogues dont on se sert dans les nécessités urgentes.

GÉRONTE

Avez-vous jamais vu une insolence pareille à la sienne ?

SGANARELLE

Les filles sont quelquefois un peu têtues.

GÉRONTE

Vous ne sauriez croire comme elle est affolée de ce Léandre.

SGANARELLE

La chaleur du sang fait cela dans les jeunes esprits.

GÉRONTE

Pour moi, dès que j'ai eu découvert la violence de cet amour, j'ai su tenir toujours ma fille renfermée.

SGANARELLE

Vous avez fait sagement.

GÉRONTE

Et j'ai bien empêché qu'ils n'aient eu communication ensemble.

SGANARELLE

Fort bien.

GÉRONTE

Il serait arrivé quelque folie, si j'avais souffert qu'ils se fussent vus.

SGANARELLE

Sans doute.

GÉRONTE

Et je crois qu'elle aurait été fille à s'en aller avec lui.

SGANARELLE

C'est prudemment raisonné.

GÉRONTE

On m'avertit qu'il fait tous ses efforts pour lui parler.

SGANARELLE

Quel drôle.

GÉRONTE

Mais il perdra son temps.

SGANARELLE

Ah ! ah !

GÉRONTE

Et j'empêcherai bien qu'il ne la voie.

SGANARELLE

Il n'a pas affaire à un sot, et vous savez des rubriques qu'il ne sait pas. Plus fin que vous n'est pas bête.

Scène VIII

Lucas, Géronte, Sganarelle.

LUCAS

Ah palsanguenne, Monsieu, vaici bian du tintamarre : votre fille s'en est enfuie avec son Liandre. C'était lui qui était l'Apothicaire ; et velà Monsieu le Médecin qui a fait cette belle opération-là.

GÉRONTE

Comment ? m'assassiner de la façon ! Allons, un commissaire ! et qu'on empêche qu'il ne sorte. Ah, traître ! je vous ferai punir par la justice.

LUCAS

Ah ! par ma fi ! Monsieu le Médecin, vous serez pendu ; ne bougez de là seulement.

Scène IX

Martine, Sganarelle, Lucas.

MARTINE, *à Lucas.*

Ah ! mon Dieu ! que j'ai eu de peine à trouver ce logis ! Dites-moi un peu des nouvelles du médecin que je vous ai donné.

LUCAS

Le velà qui va être pendu.

MARTINE

Quoi ? mon mari pendu ! Hélas ! et qu'a-t-il fait pour cela ?

LUCAS

Il a fait enlever la fille de notre maître.

MARTINE

Hélas ! mon cher mari, est-il bien vrai qu'on te va pendre ?

SGANARELLE

Tu vois. Ah !

MARTINE

Faut-il que tu te laisses mourir en présence de tant de gens ?

SGANARELLE

Que veux-tu que j'y fasse ?

MARTINE

Encore, si tu avais achevé de couper notre bois, je prendrais quelque consolation.

SGANARELLE

Retire-toi de là, tu me fends le cœur !

MARTINE

Non, je veux demeurer pour t'encourager à la mort, et je ne te quitterai point que je ne t'aie vu pendu.

SGANARELLE

Ah !

Scène X

Géronte, Sganarelle, Martine, Lucas.

GÉRONTE, *à Sganarelle.*

Le Commissaire viendra bientôt, et l'on s'en va vous mettre en lieu où l'on me répondra de vous.

SGANARELLE, *à genoux.*

Hélas ! cela ne se peut-il point changer en quelques coups de bêton ?

GÉRONTE

Non, non ; la justice en ordonnera. Mais que vois-je ?

Scène XI

Géronte, Léandre, Lucinde,
Sganarelle, Lucas, Martine, Jacqueline.

LÉANDRE

Monsieur, je viens faire paraître Léandre à vos yeux, et remettre Lucinde en votre pouvoir. Nous avons eu dessein de prendre la fuite nous deux, et de nous aller marier ensemble ; mais cette entreprise a fait place à un procédé plus honnête. Je ne prétends point vous voler votre fille, et ce n'est que de votre main que je veux la recevoir. Ce que je vous dirai, Monsieur, c'est que je viens tout à l'heure de recevoir des lettres par où j'apprends que mon oncle est mort, et que je suis héritier de tous ses biens.

GÉRONTE

Monsieur, votre vertu m'est tout à fait considérable, et je vous donne ma fille avec la plus grande joie du monde.

SGANARELLE, *à part.*

La médecine l'a échappé belle.

MARTINE

Puisque tu ne seras point pendu, rends-moi grâce d'être médecin : car c'est moi qui l'ai procuré cet honneur.

SGANARELLE

Oui ! c'est toi qui m'as procuré je ne sais combien de coups de bâton !

LÉANDRE, *à Sganarelle.*

L'effet en est trop beau pour en garder du ressentiment.

SGANARELLE

Soit. *(À Martine.)* Je te pardonne ces coups de bâton en faveur de la dignité où tu m'as élevé ; mais prépare-toi désormais à vivre dans un grand respect avec un homme de ma conséquence, et songe que la colère d'un médecin est plus à craindre qu'on ne peut croire.